AF199307

Nepal
lieben lernen

*Der perfekte Reiseführer für einen unvergessli-
chen Aufenthalt in Nepal inkl. Insider-Tipps,
Tipps zum Geldsparen und Packliste*

Katharina Blumberg

✈ INHALT

Was Sie erwarten wird

Hier bin ich nun. Mein Blick schwebt über dem Tal, wird fortgetragen von seichten Nebelschwaden, die sich gar schützend darüber zu legen scheinen. Behutsam hüllen sie die bunten Häuserspitzen ein, die ich mit bloßem Auge nicht zu zählen vermag. Von hier oben kann ich das farbenfrohe Treiben in den Gassen des Ortes nur erahnen – und dennoch spüre ich es als ein beispielloses Vibrieren.

Langsam schließe ich meine Augen und gebe mich meinen Gedanken an die vergangenen Wochen hin, die ich nun mit einem seligen Lächeln auf den Lippen Revue passieren lasse.

Angefangen bei der turbulenten Ankunft hier in Kathmandu. Koffer aus aller Welt stapeln sich wie Tetris-Steine auf dem Gepäckband, Menschen schauen rastlos von links nach rechts, fast so, als seien sie auf der Suche nach ihrem roten Faden, den sie auf dem Weg hierher scheinbar verloren hatten. Dass genau an dieser Stelle die erste Lektion beginnt, die sie alle im Herzen des Himalayas lernen werden, ist gewiss noch unbekannt.

Meine Gedanken tragen mich weiter – intensive Gerüche exotischer Gewürze kreuzen meinen Weg, Händler, die frisches Obst oder selbstgemachte Samosas anbieten, winken mich einladend zu sich. Ich sehe Tempel, die mit den farbenprächtigsten Blumen geschmückt sind, und beobachte eine Frau, die einige Kerzen am Fuße einer Statue anzündet, ebenfalls ihre Augen schließt und ein Gebet spricht. Ihre Worte, fortgetragen vom Wind, umschließen mich, tragen mich hoch durch Gebirge hinauf in einsame Bergdörfer, die sich einzig und allein durch die Herzlichkeit ihrer Bewohner warmhalten können. Um mich herum ragen Berge jenseits der 8000 m Grenze empor, über die ich jedes Mal aufs Neue staunen kann wie ein Kind.

Augen auf. Meine Zeit hier war unglaublich – Und auch Sie werden dieses Land lieben lernen. Begeben Sie sich auf eine wahrhaftige Reise und tauchen Sie ein in den Zauber Nepals!

Der Zauber Nepals

Ein unstillbar scheinender Durst nach Abenteuer und Erlebnis schreibt es in roter Tinte auf der Wunschliste eines jeden Weltenbummlers, Freigeists und Wanderers nieder: NEPAL.

Umarmt von Indien und Tibet verkörpert das ca. 29 Millionen Menschen beherbergende Land eine stetige Anlaufstelle unterschiedlichster Sehnsüchte der Reisenden sowie einen Ort, an den schon so manche Herzen verloren wurden. Die Millionen-Hauptstadt zu erkunden, welche in den Sechzigerjahren von Hippies zur ultimativen Erfüllung in der Suche nach Liebe, Freiheit und Glück auserkoren wurde, oder sich umgeben von den höchsten Bergen dieser Welt nur auf die eigenen Beine vertrauend durch dichte Wälder und geheimnisvolle Bergdörfer zu bewegen – genau das kann pure Faszination bedeuten!

Dort, wo sich heute unzählige Menschen in den bunten Gassen tummeln, befand sich noch vor langer Zeit ein Gebirgssee, welcher durch ein schweres Erdbeben trocken gelegt und das in 1300 m Höhe liegende Areal somit zu einem bewohnbaren Tal gemacht wurde – dem Kathmandu Tal.

Legenden zufolge befand sich auf der Wasseroberfläche jenes Gebirgssees eine blau schimmernde Lotusblume, auf der sich der Ur-Buddha als Swayambhu („der durch sich selbst Seiende") offenbarte. Daraufhin pilgerte der Erleuchtete Manjusri von China aus zu ihm, um ihn zu preisen. Auf seinem Pfad kreierte er durch einen kräftigen Schlag mit seinem Schwert eine Schneise in den Bergen, die den See südlich umgaben – Er gestaltete den Weg für die anderen Pilger einfacher, indem er den Talkessel trockenlegte. Zusätzlich dazu errichtete er mithilfe der ihm Folgenden den Swayambhunath-Stupa, welcher dem Ur-Buddha geweiht wurde und heute noch als eine der ältesten buddhistischen Tempelanlagen besucht werden kann.

Durch die Einwanderung verschiedenster Menschengruppen aus zahlreichen Kulturen entstand in dem neu geschaffenen Lebensraum ein Mischvolk, welches sich selbst Newar taufte. Im Laufe der Zeit entwickelten sie eine eigene, unverwechselbare Kultur und Sprache, sodass sie – vor allem auch in Verbindung mit ihrem Talent als Künstler und Händler – noch heute ein hohes Ansehen in der Gesellschaft Nepals genießen.

Seit Nepal sich Mitte der Fünfzigerjahre auch für Touristen aus dem westlichen Raum geöffnet hat, kann sich der Boden Kathmandus kaum noch vor den Fußabdrücken etlicher Sinn- oder Rauschsuchender retten: Vor Jahrzehnten waren es die liebes- und freiheitshungrigen Hippies, die auf der Flucht vor wohlstandsidealistischen Mustern und gesellschaftlichen Zwängen barfüßig Orte wie die „Freak Street" erschufen.

Heute wird dieser Freiheit noch immer nachgeeifert, beispielsweise von mit Wanderausrüstung bewaffneten Reisenden, die nur darauf warten, ihre Lungen mit frischer Bergluft füllen zu können. So mag sich angesichts der äußeren Umstände einiges verändert haben. Gleich bleibt jedoch die Ruhe, das Vertrauen auf die Ebben und Fluten des Lebens: Dinge kommen und gehen zur rechten Zeit und genauso soll es sein. Dieser Grundsatz, der den Fasern Kathmandus innewohnt, ist jederzeit gegenwärtig und erreicht sogar oft diejenigen, die anfangs nur müde darüber lächeln können.

Warum nun ausgerechnet dieser Reiseführer? Sie mit der Antwort abzuspeisen, dass er anders als andere Bücher bezüglich dieser

Thematik sei, ohne die Aussage weiter auszu-
führen, wäre wohl alles andere als gerecht –
auch, wenn Ich damit durchaus bei der Wahrheit bliebe.

Ich möchte nicht, dass Sie lediglich Fakten
serviert bekommen, auf denen Sie gefühlt tage-
lang herumkauen könnten und die ohnehin genau denen gleichen, welche Sie eben direkt vor
Ort auf Informationstafeln oder Ähnlichem
nachlesen könnten (was übrigens in dieser Umgebung um ein hundertfaches mehr Spaß
macht). Erlebnisse auf eigene Faust sind gefragt!
Lauschen Sie nicht auch lieber einer Geschichte,
welche mit persönlichen Erlebnissen gewürzt
ist, anstatt rein mit sachlichen Informationen?

Ich möchte Ihnen kein durch meine Erfahrungen genährtes Bild aufdrücken und Sie zu
Vorurteilen verleiten, selbst wenn es vorder-
gründig nicht einmal dazu verleitet, voreinge-
nommen an bestimmte Situationen dieser Reise
heranzugehen – unser Unterbewusstsein ist
mächtig. Vielmehr möchte ich Sie mit auf eine

Reise vor der Ihren nehmen, indem ich die Meine Revue passieren lasse – daher folgen auch in vielen Abschnitten kurze Momentaufnahmen, die ich während meiner Zeit in Nepal verfasst habe.

Ich wünsche mir, dass Sie dieses Buch mit einem Lächeln sowohl beginnen als auch beenden – voller Vorfreude auf Ihr Abenteuer.

Vielleicht werde ich Ihnen Antworten auf Dinge geben, nach denen Sie nicht einmal gefragt haben. Vielleicht kann ich Sie mit dem ein oder anderen Satz ein wenig zum Schmunzeln bringen. Vielleicht geht Ihnen mein Mitteilungsbedürfnis aber auch einfach gehörig auf die Nerven.

Lassen wir uns überraschen!

Die Ankunft oder „Don't panic!"

Direkt zu Beginn werde ich Sie entwarnen – Sie befinden sich keineswegs abseits der Norm, falls sich bei Ihrer Ankunft am Flughafen Kathmandus ein Gefühl von Überforderung und Chaos einstellen sollte – für mich war es kein bisschen anders!

Nach einer insgesamt knapp 17-stündigen Hinreise, die einen 5-stündigen Aufenthalt in Dubai beinhaltete (der Kauf eines Obstsalates dort riss eine beachtliche 9 $ tiefe Wunde in meinen auf Sparmodus eingestellten Geldbeutel), erreichten wir völlig übermüdet und ausgelaugt unser Ziel. Sie werden mir sicher noch zustimmen, wenn ich Ihnen nun berichte, dass die Verwirrung den meisten anderen Reisenden ebenfalls ins Gesicht geschrieben steht, was gar nicht mal so übel ist – alle sitzen im selben Boot.

Nach der Ankunft am Gate geht es dann an die Beschaffung des Visums – natürlich nur, sofern Sie das nicht schon im Vorfeld erledigt haben. Ich jedenfalls empfehle Ihnen aufgrund des günstigeren Preises, sich direkt vor Ort um das Visum zu kümmern, auch wenn für die Computer, ohne deren Hilfe die Beantragung leider unmöglich ist, die Beschreibung „langsam" noch sehr wohlwollend gewählt ist.

Nichtsdestotrotz geleiten diese wunderbaren Geräte Sie an Ihr Ziel, den Bezahlschalter, welcher sich in unmittelbarer Nähe befindet und der Aufwand hat sich gelohnt. Geben Sie Ihr Bestes, einen kühlen Kopf zu bewahren, Sie sind schließlich im Urlaub! Um aber noch ein (vorerst) letztes Mal auf die Verwirrung zurückzukommen – Das Durcheinander am Gepäckband, des vergleichsweise winzigen Flughafens, trägt auch nicht unbedingt zu irgendeiner Art von Entspannung bei, doch auch hier gilt: keine Panik! Sobald der erste Schockmoment verstrichen ist und Sie in der Lage dazu sind, sich an das System, welches hinter all dem Chaos steckt, heranzutasten, erscheint auch Ihnen alles nur noch halb so wirr – versprochen.

Nach dem siegreichen Ergattern Ihrer Gepäckstücke, die sich übrigens auch neben dem Gepäckband befinden können (die Mitarbeiter des Flughafens laden zeitweise einige Koffer vom Band und erstellen „Sammelhaufen", um alles ein wenig durchsichtiger zu machen), sind Sie dann endlich bereit, in Ihr Abenteuer Nepal zu starten.

Für mich persönlich zählt der Weg zur ersten Unterkunft bereits zu diesem Start, denn hier haben meine Reisebegleitung und ich zum ersten Mal abseits von reinen Zweckgesprächen innerhalb des Flughafens mit Einheimischen interagiert. Ein Taxi zu bekommen, ist alles andere als schwer, Sie könnten 20 haben, wenn Sie nur wollten.

Darum ist nun auch der Punkt gekommen, an dem Sie lernen sollten, dass manchmal ein klares „Nein" von Vorteil ist und unangenehme Gespräche erspart, in denen man versucht, Ihnen etwas aufzudrängen, was Sie gar nicht benötigen. Ja, diese Menschen versuchen alle nur, ihre Familie zu ernähren, indem sie Geld durch ihre Arbeit nach Hause bringen und ich muss ehrlich sein – am liebsten hätte ich jedem Taxifahrer mit „Ja" geantwortet, als die Frage nach einer Fahrt zum ersten Hostel aufkam (Ich bin allerdings auch kein Maßstab, denn das „Nein"-Sagen zählte noch nie zu meinen Stärken).

Doch auch das ist wichtig – treten Sie einen Schritt zurück und besinnen Sie sich auf das, was Sie gerade benötigen: Ein (!) Taxi. Bleiben Sie freundlich, aber setzen Sie Ihre Grenzen.

Gleiches gilt auch für die Verhandlung des Fahrtpreises. Scheuen Sie sich nicht davor, zu handeln. Sie werden staunen, wie sehr sich der geforderte Anfangspreis manchmal verändern lässt – natürlich alles in einem Rahmen, der letztendlich für beide Parteien fair ist. Selbst ich konnte während meiner Zeit in Nepal über mich selbst hinauswachsen und habe tatsächlich gehandelt, wie noch nie zuvor (aber auch hier sollte erwähnt werden, dass in meinem Fall für diesen Aspekt Gleiches wie für das „Nein"-Sagen gilt).

Außerdem rate Ich Ihnen davon ab, am Flughafen bereits höhere Summen in der Wechselstube einzutauschen, da dort die Kurse deutlich schlechter ausfallen als an den meisten anderen Anlaufstellen in oder am Rande Kathmandus. Ebenfalls möglich ist es, an den ATM-Automaten, von denen sich einige in der Stadt befinden, gegen eine relativ geringe Gebühr Geld abzuheben, sodass Sie schon bald Ihre ersten Rupien in den Händen halten können.

Die schönsten Schlafplätze

So weit so gut – Sie haben es bis ins Taxi geschafft und sind auf dem Weg zu Ihrer (ersten) Unterkunft. Um Ihnen die Entscheidung im Voraus ein wenig zu erleichtern, berichte ich nun ein wenig von den Erfahrungen, die ich mit Hotels und Hostels in Kathmandu sammeln durfte.

Nicht zu übertreffen war für mich das **„Wanderthirst Hostel"**, welches ca. 5 Gehminuten vom Touristenviertel Thamel entfernt liegt. Somit wird Ihnen hier der perfekte Ruhepol geboten, um sich von all den bunten und aufregenden Eindrücken, die Sie in den Straßen der Hauptstadt erhalten, zu erholen und die Seele baumeln zu lassen. Der Preis für ein Doppelzimmer liegt hier bei 10 € pro Nacht, bucht man ein Bett im Schlafsaal, reduziert sich der Preis noch einmal um die Hälfte.

Also gehört diese Unterkunft definitiv zu den günstigsten vor Ort und das Portemonnaie freut sich mit Ihnen! Die Zimmer sind einfach, aber mit Liebe zum Detail gestaltet und es gibt genügend Dusch- und WC-Möglichkeiten, sodass an Schlange-Stehen nicht einmal zu denken ist. Auch das Essen, welches man direkt in dem an die Bar angrenzenden Cafébereich verzehren oder aber mit in den Gemeinschaftsbereich unter freiem Himmel nehmen kann, haben wir sehr genossen. Es gibt eine Auswahl an Frühstücksvariationen von Porridge und Obstsalat bis hin zu einem English Breakfast (worüber meine Begleitung sich sehr gefreut hat), verschiedene Hauptspeisen sowie Snacks, die wirklich gut waren. Am meisten herausgestochen sind jedoch die liebevollen Mitarbeiter, von welchen wir zu jeder Zeit mit einem Lächeln – und damit meine ich ein wirklich echtes Lächeln, keines von diesen „Ich schaue so, weil es von mir erwartet wird"-Lächeln – empfangen wurden. Wir haben uns jedenfalls rundum wohl gefühlt. Ich erinnere mich noch genau an einen Nachmittag zu Anfang der Reise, den wir teilweise in Hängematten liegend, teilweise kartenspielend im Gemeinschaftsbereich verbrachten.

Die Sonne schien stark, aber nicht so stark, dass man meinte, man müsse sich in den Schatten setzen und von Zeit zu Zeit wehte ein leichter Wind. Ein paar Meter von uns entfernt streckte sich eine kleine, orangefarbene Katze, welche ich am Vortag bereits kurz gesehen hatte, auf einem sicherlich durch die Sonne angenehm aufgewärmten Baumstumpf. Als sie uns erblickte, lief sie freudig miauend und ohne zu zögern zu uns herüber, legte sich in meinen Schoß und schlief. Dann war es plötzlich da – das Gefühl, angekommen zu sein.

Ein weiteres sehr schönes Hostel liegt im selben Viertel einen Hauch näher an Thamel und nennt sich **„Fireflies Hostel"** – ein sehr passender Name, wie ich finde.

In lauwarmen Sommernächten umhertanzende Glühwürmchen zu beobachten, lässt die gesamte Umgebung auf wundersame Art und Weise ein wenig magischer erscheinen, nicht wahr?

So auch hier: Im „Fireflies" wird durch die liebevolle Aufmachung und den leichten „Hippievibe" beim Betreten etwas erzeugt, was mich persönlich wirklich verzaubert hat. Der Preis pro Nacht liegt hier gerade einmal bei 4 €! Hier besteht zwar keine Möglichkeit, ein Doppelzimmer zu buchen, da es sich bei den Räumen ausschließlich um Mehrbettzimmer (6-12 Pers.) handelt, aber jeder, der schon einmal in einem Schlafsaal übernachtet hat, weiß, dass auch das seinen Reiz hat. Zum Beispiel tritt man automatisch schneller in Kontakt mit anderen Reisenden – was in diesem Hostel ohnehin nicht schwer zu sein scheint. Dass an jedem Abend ein Programm angeboten wird, trägt ebenfalls zum Gemeinschaftsgefühl der zufällig zusammengewürfelten Gruppe bei und falls irgendjemand sich zuvor einsam gefühlt haben sollte – nun tut er es in jedem Fall nicht mehr.

So können sich alle bei Koch-, Karaoke- oder Spielabenden ein Stück weit besser kennenlernen. Meine liebste Erinnerung an diesen Ort ist ein Morgen, an dem ich früher aufwachte als gewöhnlich. Nach 2 gescheiterten Versuchen, noch einmal einzuschlafen, beschloss ich dann, doch aufzustehen. Ich begab mich auf die zweite Ebene, den Gemeinschaftsraum, der mit bunten Wandbemalungen und alten, gepolsterten Autoreifen als Sitzmöglichkeit verziert ist. Eigentlich war die Küche noch nicht geöffnet, doch einen Kaffee, nach dem ich mich in diesem Moment durchaus sehnte, bot man mir trotzdem an. Ich setzte mich in eine Ecke, begann Postkarten zu schreiben und genoss die Zeit mit mir allein. Nach einer unbestimmten Zeit bemerkte ich, dass jemand neben mir Platz nahm, der mich dann auch aus meinen Gedanken riss. „Wow, postcards. That's pretty oldschool", sagte er und lachte mich an. Ich lachte zurück und die folgende Stunde tauschten wir uns aus über alles, was uns eben in den Sinn kam – mal über meinen alten Feuerwehrbus, einen VW-LT 28, der sich zu diesem Zeitpunkt noch in den Kinderschuhen seiner Umbauphase befand, mal über sein Projekt, welches seinen Sinn ironischer Weise in der Entwicklung eines umweltfreundlichen Kraftstoffes aus Kuhdung fand und auch der Grund für seinen derzeitigen Aufenthalt war.

Später setzten wir unsere Unterhaltung draußen zwischen 5 zuckersüßen Hunden fort, die vor dem Tor unserer Unterkunft geschlafen hatten. Er fragte sich, ob er es wohl schaffen könne, 3 Tage lang mit umgerechnet einem Euro als Frühstücksbudget auszukommen – und das tat er. Bananen, Toast und Erdnussbutter.

Zu guter Letzt möchte ich Ihnen das **„Zostel"** ans Herz legen, welches durch die wunderschöne Bemalung seiner Fassade kaum zu übersehen ist. Das ebenfalls am Rande von Thamel liegende Gebäude bietet wie das „Wanderthirst" die Möglichkeit, sich entweder für ein Doppelzimmer oder aber für ein Bett in einem gemischten Schlafsaal zu entscheiden. Letzteres ist mit 5 € vergleichbar mit den zuvor genannten Unterkünften, für das Doppelzimmer müssen Sie jedoch etwas tiefer in die Tasche greifen. Mit rund 20 € pro Nacht ist es zwar – verglichen mit Hotelpreisen hierzulande – weit entfernt davon, sich als teuer bezeichnen zu lassen, im direkten Vergleich zu den anderen wird ein Unterschied allerdings deutlich.

In einem modern und bunt gestalteten Umfeld, bei welchem die Sauberkeit und Freundlichkeit der Mitarbeiter sofort ins Auge sticht, lässt es sich gut aushalten. Die Dachterrasse,

welche einen wunderschönen Blick über Kathmandu bietet, lädt zu gemütlichen Abenden ein,
an denen Sie gedanklich zurückspulen und den
Tag mental aufs Neue genießen können. Je nach
Saison sollten Sie hier frühzeitig buchen! Das
„Zostel" ist bei vielen Reisenden so beliebt, dass
eine spontane Buchung oder eine Verlängerung
des Aufenthaltes oft schwer zu realisieren ist.

„Namaste" – Ein kleiner Crashkurs

Als wir im Januar endlich unsere Flüge buchten, nahm ich mir felsenfest vor, bis zum Antritt der Reise unbedingt ein wenig Nepali zu lernen. Wie das manchmal so mit guten Vorsätzen ist, wurde aus dem „unbedingt" ein „wahrscheinlich", welches wiederum die Form eines zaghaften „Eventuells" annahm, bis Ich mich dann schließlich 3 Monate später im Flugzeug nach Kathmandu wiederfand –

natürlich ohne auch nur ein Wort gelernt zu haben. Mich selbst belächelnd versuchte ich nun, mit musikalischer Untermalung durch den schnarchenden Herrn zu meiner Rechten und das kreischende Kind zu meiner Linken wenigstens ein paar Vokabeln in mein dehydriertes Hirn zu befördern, was mir – überraschenderweise – nicht gerade gut gelang. Das Fazit meines gescheiterten Projektes lautete also: „Keine Macht der Vorbereitung, Spontanität ist der Schlüssel!" – Eigentlich also genauso wie sonst auch.

Irgendwie zufrieden mit diesem Ergebnis zuckte ich mit den Schultern und bereitete mich auf die Landung vor.

Damit Sie nun aber zumindest die Möglichkeit erhalten, sich sprachlich etwas auf Ihren Aufenthalt an diesem wunderschönen Ort vorzubereiten – und die Einwohner mit ein paar Vokabeln der Landessprache, welche vom altindischen Sanskrit, der sogenannten „Sprache der Götter", abstammt, überraschen können – biete ich Ihnen im Folgenden einen kleinen Crashkurs an:

Hallo!	Namaste/Namaskar
Guten Tag	Shuva Diin/Namaskar/Namaste
Tschüss!	Bidaa Hau/Namaskar
Auf Wiedersehen!	Pheri Betaula!/Namaskar
ja	Ho
nein	Hoina
Bitte/Gern geschehen	Kehi Chhaina!
Entschuldigung	Kshama Garnuhola
Ich heiße...	Mero naam ... Ho.
Wie heißt Du?	Timro nama ke ho
Wie geht es Dir?	Timilai kasto cha
Mir geht es gut.	Ma thika chu
Was kostet...?	Ko Kati Mulya?
Ich hätte gerne...	Ma Chahanchhu...
Wo ist...?	... Kaham cha?

Falls es Ihnen ähnlich wie mir ergehen sollte und Sie einfach keine Zeit finden, vor der Reise etwas Nepali zu pauken – Keine Sorge! Die Einwohner haben nach meiner Erfahrung stets große Freude daran, Ihnen die ein oder andere Redewendung beizubringen. Trauen Sie sich ruhig! Meist lohnt es sich, offen und interessiert auf andere Menschen zuzugehen.

Ein buntes
Menschenmosaik

Ein so pures Lächeln hatte ich schon
lange nicht mehr gesehen. Schweigend
hielt sie ihr Baby im Arm, während sich
eine Zweite, die vermutlich ihre Schwester oder
Freundin war, am Lachen des Kleinen erfreute.
Es war nur ein Bruchteil einer Sekunde, vielleicht ein Halber – mein Blick glitt über die staubigen Häuserfronten, welche mit kleinen, niedlichen Türen bestückt waren, streifte winzige

Läden der Seitengasse, durch die wir schlenderten – bis er haften blieb. Ein bisschen zu lange, für ein gewöhnliches Umschauen, an ihrem verandaartigen Hauseingang haften blieb. Gut, vielleicht war es eher so, als hätte man aus einem sehr kleinen Wohnzimmer die Fensterfront mitsamt Terrassentür entfernt und stattdessen sie und den Kleinen dort platziert – groß war es dort nicht, auch nicht besonders schön. Aber pur.

So pur, dass ich das Gefühl bekam, als ströme in diesem Moment reine Liebe und Glück in mein Inneres. Ausgehend von ihr. Ausgelöst durch ihr Lächeln. Durch einen Bruchteil einer Sekunde, der vielleicht nur ein Halber war – mich aber den ganzen Tag strahlen ließ.

Diesen kurzen Text verfasste ich nach einem Spaziergang durch die Gassen Kathmandus. Auch wenn ich noch einige solcher Augenblicke aus meiner gedanklichen Erinnerungsbox hervorkramen könnte, blieb mir dieser doch besonders in Erinnerung.

Dass die Einwohner Nepals in anderen Arealen dieser Welt den Ruf besitzen, eine besondere Herzlichkeit und Gastfreundschaft auszustrahlen, ist Ihnen sicherlich bereits zu Ohren gekommen.

Meinen Erfahrungen nach zu urteilen, kann ich diese Annahme nur bestätigen. Es hat mich immer wieder auf ein Neues ergriffen – und überrascht. Am meisten erstaunt hat mich wahrscheinlich sogar die Selbstverständlichkeit, mit welcher sich die Menschen in den Straßen unterhielten, ohne einander zu kennen – und damit meine ich sicher keinen Smalltalk!

Wo man doch hierzulande gewohnt ist, sich schweigend in der U-Bahn gegenüber zu sitzen, peinlich berührt nebeneinander im Fahrstuhl zu warten, bis endlich das verdammte Stockwerk erreicht ist und das unausweichliche Schweigen ein Ende hat. Aber warum muss es eigentlich so unausweichlich sein?

Warum springen wir nicht einfach einmal über unseren Schatten, teilen mit unserem

Gegenüber einen beliebigen Gedanken, der uns gerade im Kopf herumschwirrt, ohne groß darüber nachzudenken, dass dieses Gespräch weder einen Anfang hat noch ein Ende haben wird. Selbstverständlich will ich damit nicht sagen, dass man wahllos damit beginnen sollte, jeden einzelnen Einfall laut auszusprechen – Worte haben es verdient, gut gewählt zu werden.

Ich meine damit vielmehr dieses unbeschwerte Aufeinander-Zugehen, welches die meisten von uns irgendwo auf der schwammigen Grenze zwischen Kind- und Erwachsensein verloren haben. Was das angeht, können uns die Menschen Nepals noch einiges lehren. Schauen Sie hin und öffnen Sie sich für ein unbefangenes Miteinander.

Nun wollen wir uns aber doch einmal in Richtung Fakten bewegen. Die kunterbunte Mischung der über 30.000.000 in Nepal lebenden Menschen entsteht durch über 100 verschiedene ethnische Gruppen, von denen viele ihre eigene Sprache und Kultur besitzen. Zu den

Urvölkern zählen in jedem Fall die bereits erwähnten **Newar**, welche sich regionsabhängig
auf verschiedene Tätigkeitsbereiche spezialisiert haben. So zählt beispielsweise in Bhakta-
pur der Anbau von Reis und Gemüse zu ihren
zentralen Aufgaben, in Patan sind sie als begna-
dete Handwerker bekannt und in Kathmandu
behaupten sie sich seit geraumer Zeit als talen-
tierte Händler. Sehen Sie sich um – eventuell
können Sie die für die Newar typische Architek-
tur entdecken, welche sich traditionell durch
ihre würfelförmige Bauweise und die geschnitz-
ten Holzfenster auszeichnet.

Auch die **Sunwar** zählen zu den ursprüng-
lichsten Volksgruppen Nepals. Wohnhaft in Ost-
nepal zwischen Arun und Tamur, sind sie als ge-
schickte Korbflechter bekannt. Zuhause im Tief-
land des Terai sind die **Tharu**, die vordergrün-
dig als Bauern tätig sind und bei welchen Frauen
das Privileg genießen, sich im Falle eines Falles
von ihrem Mann scheiden lassen zu dürfen. Dieses Quintett wird abgerundet von den hindu-

istisch geprägten ethnischen Gruppen **Limbu** und **Rai**, wobei erstere in bunt bemalten Häusern östlich des Arun leben und den Anbau von Reis zu ihren Aufgaben zählen. Letztere hingegen sind begünstigt durch ihre kräftige Statur auf Trekkingtouren bei dem Tragen der Gepäckstücke behilflich.

Niemals mit der Linken! – Gesten der Nepalesen

Wenn Sie in Nepal unterwegs sind, werden Sie schnell feststellen, dass Ihnen einige Sitten und Gesten fremd sein werden. Beispielsweise ist es unhöflich, die linke Hand zur Begrüßung in Form von Winken oder zum Entgegennehmen von Gegenständen zu benutzen, da sie in Nepal als unrein gilt (genauso wie alles, was mit Speichel in Berührung kommt). Generell wird einander zur Begrüßung hier nicht die Hand gereicht – seien Sie deswegen nicht enttäuscht, falls jemand Ihren angebotenen Händedruck nicht erwidern sollte. Die übliche Art, sich „Hallo" zu sagen, wird durch das Falten der Hände vor dem Herzzentrum mit nach oben zeigenden

Fingerspitzen deutlich – die „Namaste-Mudra". Durch diese Geste wird jedoch so viel mehr als ein „Guten Tag" vermittelt: „Namaste" bedeutet so viel wie „Meine Seele verneigt sich vor der Deinen." – wunderschön, wie ich finde.

Sitzen Sie einmal gemütlich in einem netten Café oder Restaurant, sollten Sie Acht auf ihre Fußsohlen geben: Halten Sie diese stets unten, nicht dem Gegenüber entgegengestreckt, denn auch dies gilt als unhöflich der Unreinheit wegen. Nun fragen Sie den Kellner nach einem Glas Wasser, doch er beginnt lediglich, seinen Kopf leicht von links nach rechts zu wiegen, was Sie durchaus verwirren könnte. Doch damit bekundet diese Person keinesfalls ihre Unentschlossenheit: Ein leichtes Kopfwiegen bedeutet in Nepal „Ja" und das Heben der rechten Hand „Nein". Damit sollte sich die Verwirrung auflösen. Mit Bekundungen der gegenseitigen Anziehungskraft sollten Sie ebenfalls warten, bis Sie mit Ihrem Liebsten an einem ruhigen, nicht öffentlichen Ort sind (was ja manchmal auch die

Spannung aufrechterhalten kann). Falls Sie sich außerhalb des Touristenviertels Thamel befinden sollten oder sogar in Begriff sind, einen Tempel zu besichtigen, denken Sie bitte daran, angemessene Kleidung zu tragen – kurze Kleider oder Hosen und schulterfreie Shirts gehören NICHT dazu.

Bedecken Sie Ihre Knie und Schultern – auch Ihre Sonnenbrille darf während dieser Zeit in Ihrer Tasche warten. Aber vor allem: Keine Fotos von heiligen Orten. Dass dieses auch für Menschen gilt, von welchen vorher kein Einverständnis eingeholt wurde, muss ich hoffentlich nicht erwähnen – und tue es trotzdem. Denn es scheint immer wieder Touristen zu geben, die in ihrem Leben wohl leider noch nie Bekanntschaft mit Dingen wie Privatsphäre und Respekt machen durften – Schade!

Das alles soll nicht den Anschein einer Belehrung erwecken, denn ich kenne mit Sicherheit auch nicht jede einzelne erwünschte bzw. unerwünschte Verhaltensweise der Nepalesen.

Lediglich möchte ich Sie hiermit daran erinnern, dass Sie sich als ein Fremder in eine bestehende Kultur begeben (in welcher Sie ohnehin mit hoher Wahrscheinlichkeit mehr als herzlich aufgenommen werden) und Respekt das Mindeste ist, was Sie denjenigen, die Ihnen einen Einblick in ihr Leben gewähren, entgegenbringen können. Niemand wird es Ihnen verübeln, wenn Sie sich einmal einen Fehltritt aus Unwissenheit oder Aufregung erlauben, aber geben Sie Ihr Bestes und versuchen Sie, dankbar für jede Erfahrung zu sein.

Erleben Sie sich neu

Vielleicht haben Sie bereits jetzt Ihre Affinität zu spirituellen und Selbsterfahrungen entdeckt – vielleicht könnte Ihre Reise aber auch die ein oder andere Tür in diese Richtung für Sie öffnen. Selbst die rationalsten Menschen lassen sich meist bereits nach kurzer Zeit von dem „Vibe" anstecken, welcher sich selbst wiegend durch Kathmandus Straßen spaziert, und ermöglichen sich selbst, hier und da einmal den ein oder anderen Schritt zurückzutreten, den Blickwinkel zu ändern und sich für Neues zu öffnen: Neues, welches sich oft nur durch Fühlen beschreiben lässt.

Ich selbst habe vor ein paar Jahren Yoga für mich entdeckt, es über einen längeren Zeitraum ausgeübt, mich darin gefunden – und dennoch wieder verloren. Dass ich wieder anfangen wollte, wusste ich bereits seit längerer Zeit, doch – Sie kennen das sicher auch – irgendetwas drängt sich auf mysteriöse Weise immer dazwischen, sodass am Ende nur das „Ich wollte ja, ABER..." steht. Laufen Sie durch die Gassen Kathmandus, wird Ihnen sicher das ein oder andere Plakat über Yoga-Stunden ins Auge stechen. So auch mir. Einer dieser Aushänge blieb mir jedoch besonders im Gedächtnis – „Holistic Health Yoga Studio". Er löste in mir ein seltsames Kribbeln aus, welches ich des Öfteren verspüre, sobald sich etwas „richtig" für mich anfühlt. Und da wir alle bekannterweise mehr auf unser Bauchgefühl hören sollten, begab ich mich auf den Weg zu jenem Studio. Das kleine Studio wurde von einem jungen Ehepaar geführt, welches durch kein anderes Wort als „herzensgut" besser beschrieben werden könnte.

Beide hatten einige Jahre zuvor ihre Ausbildung zum Yogalehrer/-lehrerin abgeschlossen und boten nun abwechselnd im 3. Stock eines niedlichen Gebäudes mitten in Kathmandu Sessions für begeisterte Yogis und Interessierte an. Der Preis lag bei umgerechnet 10 € pro Einheit. Man sollte meinen, dass die Aufregung der Straßen auch in diesen Räumlichkeiten deutlich zu spüren sein sollte, aber nein – es war wunderbar.

Die Besonnenheit, die der Lehrer ausstrahlte, nahm den ganzen Raum ein und erfüllte ihn mit einer unvergleichlichen Ruhe, durch die selbst meine anfängliche Aufregung sekundenschnell in Luft aufgelöst wurde. Von der Yogastunde selbst mag ich gar nicht allzu viel berichten, denn dies gehört meiner Meinung nach zu den Dingen, welche ein Jeder

besser durch Erfahrung anstatt Geschichten erleben sollte. Auch hier – trauen Sie sich. Mehr,
als dass es Ihnen keinen Spaß bringt und Sie das
Geld lieber in einen Restaurantbesuch investiert
hätten, kann schließlich nicht passieren.

Ebenfalls eine fantastische Erfahrung war
die Klangschalentherapie im „Om Singing Bowls
and Healing Hub" für umgerechnet 30 €. Ich
weiß, dieser Abschnitt mag für den ein oder anderen jetzt furchtbar spirituell klingen und
wenn dem in Ihrem Falle so sein sollte, versuchen Sie, das Ganze einfach als Experiment zu
betrachten. Genauso tat es meine Reisebegleitung auch. Des Öfteren wurden meine Gedanken
oder Interessen von ihm bereits liebevoll belächelnd als „esoterisches Gehabe" abgetan – und
trotzdem ging er mit (ohne jegliche Überre-
dungskunst meinerseits) und ließ sich auf das
Erlebnis ein.

Zunächst meditierten wir gemeinsam und
bekamen etwas theoretischen Input durch die
Worte des „Meisters". Nun wurden wir dazu

angeleitet, uns auf den Rücken zu legen. Was dann geschah, ließe sich am besten durch ausschweifende Erklärungen meiner Empfindungen beschreiben, ich versuche aber, mich kurz zu halten: Der Meister führte eine energetische Behandlung oder „Heilung" unserer körperlichen Energiezentren (Chakren) durch, indem er die verschiedenen Klangschalen anschlug und sie in kreisenden Bewegungen um jene Zentren führte.

Die verschiedenen Klänge, das Spüren der Vibrationen und die durch kommende und gehende Emotionen entstehenden Farben – ich war wirklich begeistert. So begeistert, dass ich prompt am nächsten Tag die Morgenmeditation im selben Haus besuchte, bei der ich ganz wunderbare Menschen aus aller Welt treffen durfte, die alle bereit dazu waren, herzoffen gemeinsam in den Tag zu starten. Die Teilnahme ist im Übrigen kostenlos, denn die Anwesenheit all dieser Menschen sei laut des Leiters der Meditation Geschenk genug. Selbstverständlich bin ich mir im Klaren darüber, dass etwas Derartiges nicht jedermanns Sache ist – empfehlen kann ich es trotzdem wärmstens. Diese Erfahrung war lehrreich, intensiv und sehr emotional. Falls ich Sie auch nur ein wenig für diese Art der Meditation und Heilung begeistern konnte – probieren Sie sich aus! Vielleicht entdecken Sie so ganz neue Seiten an sich, deren Existenz Ihnen vorher nicht im Geringsten bekannt war. Die besten Dinge geschehen doch noch immer außerhalb unserer Komfortzone, nicht wahr?

Religion & Spiritualität

Bereits in den frühen Morgenstunden beginnen die Menschen Kathmandus, sich vor den heiligen Denkmälern und Tempeln zu versammeln, um zu beten. Gaben, die durch Blumen, Licht, Lebensmittel, Weihrauch und Sindur (gefärbtes Pulver) verkörpert werden, sind zur Opferung bereitgestellt. Die große Puja beginnt. Schritt für Schritt umwandeln die Gläubigen die Heiligtümer, um anschließend ihre Opfer zu bringen und den Segen zu empfangen: Fingerkuppen berühren vorsichtig die auf das Denkmal gesprenkelte rote Farbe, um diese dann zur Stirn zu führen und durch leichtes Tupfen ein Tika zu erschaffen. Dass sich täglich bei diesem Ritual sowie bei den kleinen Pujas, welche Zuhause stattfinden, Religionen verbinden und oft keine klare Grenzlinie mehr gezogen werden kann, war mir zuvor nicht bewusst. Wussten Sie es?

Auch wenn Nepal bekanntlich der Geburtsort Buddhas ist, gilt das Land offiziell als hinduistisch. Grund dafür sind die Glaubensansätze des Volksstamms der Kiranti (ca. 7.-8. Jahrhundert v. Chr.), die hinduistische Prägungen besaßen und parallel zu den Verkündigungen der „4 edlen Wahrheiten" Buddhas verliefen, welche jedoch nach dessen Tod etwas in Vergessenheit gerieten.

So kommt es zustande, dass heute 80 % der nepalesischen Bevölkerung als Hindus, dagegen nur 10 % als Buddhisten gelten. Mittlerweile haben sich Hinduismus und Buddhismus jedoch so sehr miteinander vernetzt, dass diese Zahlen nicht mehr allzu genau genommen werden dürfen. Vielmehr handelt es sich nun zum Großteil um Mischformen der beiden Glaubensrichtungen, sodass ihre Anhänger ihr Leben und ihren Alltag mithilfe beidseitiger Einflüsse gestalten.

Eine klare Gründung des Hinduismus ist nicht bekannt, jedoch wird angenommen, dass sie aus vielen verschiedenen Einflüssen anderer Religionen entstanden ist. Eine zentrale Rolle spielt hier der Glaube daran, dass alle Lebewesen sich in einem Kreislauf unendlicher Reinkarnationen (samsara) befinden, aus dem es auszubrechen gilt. Dieser Schritt und damit die spirituelle Erlösung (moksha) gelingt jedoch nur dann, wenn ein Wesen ein dementsprechendes Karma vorzuweisen hat, also genügend gute Taten vollbracht hat. So wird ein Leben in ärmlichen Verhältnissen beispielsweise als selbstverschuldet angesehen, denn laut des Hinduismus' resultiert solch eine Situation aus einem schlechten Karma des vorherigen Lebens. In schwierigen Lebenslagen kann um die Gunst der vielen verschiedenen Götter gebeten werden. All diese nun hier aufzulisten (geschätzt sind es 300.000), würde ganz sicher den Rahmen sprengen, darum werde ich mich auf einige der Populärsten und am meisten Verehrten beschränken:

Den Anfang macht der für viele nicht allzu leicht greifbare Gott **Brahma**. Er steht in gewissem Maße für den Anfang, denn er ist für die Hindus der Schöpfer des Lebens und des Universums. Vor jener Schöpfung existierte lediglich „Brahman", das Unendliche und Absolute. Die Verehrung Brahmas hat jedoch aufgrund seiner Abstraktion mit der Zeit abgenommen, sodass in Nepal nur wenige Brahma-Tempel zu finden sind.

Auf ihn folgt nun **Vishnu** (oder Narayan), welchem wohl die größte Zahl an Tempeln gewidmet wurde. Er ist derjenige, der sich gütig lächelnd in Verbindung mit einer Lotusblume um die Aufrechterhaltung des Lebens sorgt. Der dritte Gott dieser sogenannten **Trimurti** nennt sich **Shiva**. Er mag durch seinen zerstörerischen Charakter zunächst etwas grausam erscheinen, zu beachten ist hier jedoch die Annahme, dass ohne den Zerfall keine Erneuerung stattfinden kann. Folglich gäbe es ohne das Ende jeglicher Dinge keinen Anfang. So werden also Anfang, Erhaltung sowie Zerstörung durch die Trinität dieser drei Götter symbolisiert – ein Grundbaustein der bereits erwähnten **samsara** der Lebenskreisläufe.

Der Buddhismus hingegen stellt genau genommen eigentlich keine Religion in diesem Sinne dar, denn hier spielt nicht die Anbetung eines zentralen Gottes die Hauptrolle. Es geht eher um eine Philosophie, das Leben nach bestimmten moralischen Grundsätzen auszurichten, sich ihnen hinzugeben und Dinge zu hinterfragen. Ziel soll hier sein, das jeweilige „Ich", den physischen und seelischen Körper, aufzulösen und in das Nirwana zu gelangen. Auch durch diesen Schritt entkommt ein Anhänger des Buddhismus den ewig fortwährenden Kreisläufen des Lebens. Jene Kerngrundsätze nennen sich „Die 4 edlen Wahrheiten" und umkreisen ein bestimmtes Thema: Leid. Die erste Wahrheit befasst sich mit dem Leid an sich, wohingegen die zweite nach dem Ursprung sucht. In der dritten Wahrheit wird die Frage nach der Aufhebung gestellt und die Vierte beschreibt den Weg dorthin, welcher sich wiederum in acht Elemente gliedern lässt.

Jedes dieser Elemente umfasst einen bestimmten Grundsatz, der sich laut Siddharta Gautama (Geburtsname Buddhas) als „recht" bezeichnen lässt. Hierbei geht es beispielsweise um rechtes Handeln, rechte Erkenntnis oder auch um die rechte Lebensführung. Vielleicht haben Sie ja bereits irgendwo schon einmal jene kleinen bunten Fähnchen entdeckt, die sogenannten buddhistischen Gebetsfahnen. Durch die Möglichkeiten ihres Erwerbs in nahezu jedem nepalesischen Souvenirshop und das teilweise gedankenlose Kaufen, um irgendjemanden mit irgendeinem Mitbringsel zu versorgen, rückt meiner Meinung nach ihre wunderschöne Bedeutung immer stärker in den Hintergrund: Als Aufdruck tragen die Fahnen neben verschiedenen Symbolen und anderen Mantras das buddhistische Mantra des Mitgefühls – „Om mani padme hum". Sie erstrahlen dabei in 5 verschiedenen Farben, wobei jede davon eines der Elemente verkörpert.

Moment mal – fünf Elemente?! Sie lesen richtig, denn die uns geläufigen Elemente Feuer (rote Fahne), Erde (gelbe Fahne), Wasser (grüne Fahne), Luft (weiße Fahne) werden im Buddhismus durch das fünfte Element „Raum" (blaue Fahne) ergänzt. Der Hintergrund beläuft sich ganz einfach darauf, dass sich laut buddhistischer Lehre keines der anderen Elemente manifestieren könne, wenn es nicht den Raum, also das Bewusstsein dazu gäbe. Diese Gebetsfahnen haben eine ganz besondere Aufgabe: Sie sind dazu da, all die Gebete, welche auf ihnen verewigt wurden, mit dem Wind hinaus in die Welt zu tragen. Bei dieser Vorstellung huscht mir jedes Mal ein kleines Lächeln über die Lippen.

Wahrscheinlich erleben Sie diese Darstellungen gerade als sehr abstrakt, aber glauben Sie mir – sie werden Ihnen präsenter denn je sein, wenn Sie sich erst einmal in Nepal befinden. So sehr, wie Glaube und Religion in Nepal den Alltag prägen, ist es kaum möglich, sich nicht von seiner Magie mitreißen zu lassen.

Wir befanden uns noch ziemlich am Anfang unserer Reise. Die vergangenen Tage waren also geprägt von einem zaghaften Händedruck mit der Millionenstadt Kathmandu, den ersten vorsichtigen Schritten durch ihre belebten Gassen, in welchen sich das pure Leben in bunten Farben selbst zu zeichnen schien.

Mühsamen Schrittes bewegten wir uns Stufe für Stufe unserem nächsten Ziel entgegen: „Swayambunath", auch bekannt als der „Affentempel". Neben uns zog es außerdem eine nicht zu überschauende Menge an Menschen zu jenem Ort – und als wir erschöpft die letzte der 365 Stufen erreichten, wusste ich auch warum.

Eine warme Brise umspielte meine Nase, während die Sonne begann, den vorangeschrittenen Tag in ein intensives Orange zu betten, um ihren täglichen Abschied anzukündigen. Trotz der beachtlichen Zahl an Besuchern, die der Tempel an diesem Tag empfangen durfte, lag ein friedliches Schweigen in der Luft, welches sich in den Gesichtern der mich Umgebenden bemerkbar machte. Ich weiß gar nicht genau, was es war – der Anblick dieser imposanten heiligen Stätte, die Euphorie des Reisebeginns oder aber tatsächlich etwas nicht Greifbares, etwas zwischen den Zeilen der Rationalität Liegendes – es ergriff mich und ließ mich nicht mehr los.

Verzückt neigte ich meinen Kopf von links nach rechts, spürte die Bedeutsamkeit dieses Platzes für all diese Menschen, die in sich ruhend um den Stupa liefen, mit ihren Händen bedächtig die Gebetsmühlen in Bewegung setzten und fortwährend das darauf verewigte Mantra wiederholten: „Om mani padme hum.". Das Drehen der Mühlen, durch welches jenes Mantra hinaus in die Welt getragen werden soll – es fühlte sich so an, als erfülle es seinen Zweck voll und ganz.

Die schönsten Ausflugsziele

Als Hauptstadt Nepals hat Kathmandu so einiges an Sehenswürdigkeiten und interessanten Dingen zu bieten. Da Sie aber höchstwahrscheinlich nur für einen begrenzten Zeitraum dort sein werden, erscheint die Möglichkeit, jeden einzelnen Winkel dieser atemberaubenden Stadt unter die Lupe zu nehmen, leider relativ unwahrscheinlich. Toll ist es selbstverständlich immer, ohne einen bis ins letzte Detail durchstrukturierten Plan loszuziehen und Orte auf eigene Faust zu erkunden – auch ich bin ein Fan davon und empfehle Ihnen wirklich, gelegentlich einmal die Spontanität siegen zu lassen und einfach der Nase nach durch die Straßen zu spazieren. Sie werden dabei sicherlich auf spannende Dinge stoßen. Da es aber doch den ein oder anderen Ort in Kathmandu gibt, der auch während Ihres Aufenthaltes nicht ungesehen bleiben darf, lege ich Ihnen im Folgenden einige der meiner Meinung nach schönsten Plätze ans Herz.

Wie Ich bereits im letzten Kapitel erwähnte, begeisterte mich der Swayambunath ganz besonders. Unweit vom Durbar Square ragt dieser Tempelkomplex, der sowohl hinduistische als auch buddhistische Elemente vorzuweisen hat, auf einem Hügel in den Dunst der Stadt. Die Legende besagt, dass auf jenem Hügel einst die blaue Lotusblume, in deren Gegenwart der Buddha seine Erleuchtung fand, gepflanzt wurde.

365 Stufen wollen erklommen werden, bevor Sie dem weiß-goldenen Stupa, der die Hauptattraktion dieses Komplexes darstellt, ganz nah sein können. Bereits auf diesem Weg werden Sie mit Sicherheit dem ein oder anderen Rhesusaffen begegnen – nicht umsonst wird der Swayambunath auch als „Affentempel" bezeichnet.

Was sich erst einmal niedlich anhören mag, kann durchaus gefährlich werden. Denn die verhältnismäßig kleinen Affen scheuen sich nicht davor, einen Griff in Ihre Tasche oder sogar zum Henkel Ihrer Tasche zu wagen – Halten Sie also alles gut fest und nehmen Sie unnötigen Ballast besser gar nicht erst mit! Vielleicht warten Sie auch besser auf einen geeigneteren Zeitpunkt, falls Sie im Sinn haben, sich ein wenig zu stärken. Denn diese Tierchen sind nicht nur frech, sondern auch immer hungrig – Ich spreche aus Erfahrung. Während unseres Weges nach unten zurück in die Stadt holten wir eine Banane heraus, um sie zu essen (nicht gerade besonders klug, Ich weiß). Kein Affe war in unserem näheren Umfeld zu sehen, wir waren uns sicher, schon weit genug vom tierischen Trubel entfernt zu sein. Doch leider pirschte sich der kleine Übeltäter unbemerkt an mich heran und riss mir, schneller als ich gucken konnte, die Banane ziemlich energisch aus der Hand. Lustig war es allemal – auch mit einer Banane weniger im Gepäck.

Sind Sie dann unversehrt oben angekommen, bietet sich nun endlich die Gelegenheit, den über 2000 Jahre alten Stupa zu bewundern. Mit solch einem Alter gilt er übrigens als einer der ältesten buddhistischen Tempel der Welt. Bestückt ist er mit unzähligen Gebetsfahnen, die unbeschwert im Wind flattern, sowie mit ringsherum angeordneten Gebetsmühlen, auf denen ebenfalls das Mantra „Om mani padme hum" zu finden ist. Laufen Sie doch einmal um die heilige Stätte herum und bewegen Sie die Mühlen vorsichtig. Selbst wenn Sie kein Anhänger des Buddhismus sind, fühlt sich dieses Ritual, mit dem

Sie nicht nur karmische Verbesserung, sondern auch die Verringerung des Leides aller fühlenden Wesen bewirken, ganz wunderbar an.

Wie der Titel dieses Abschnittes schon verrät, gibt es in Kathmandu einen Ort, der laut seines Namens seine Besucher zum Träumen einlädt: Der Garten der Träume. Mitten im aufgeweckten Thamel vermutet wahrscheinlich niemand auch nur ein Fleckchen Erde, an dem es sich so richtig gut entspannen lässt – doch hier gelingt es den meisten Menschen erstaunlich gut, ihre Herzfrequenz umgeben von Idylle und Klarheit ein wenig zu senken.

Jener Garten, welcher auch „Der Garten der sechs Jahreszeiten" genannt wird und 1920 unter Kaiser Sumsher Rana zu Privatzwecken erbaut wurde, präsentiert sich in einem neoklassizistischen Stil. Unter sechs verschiedenen Pavillons, von welchen jedes für eine der sechs nepalesischen Jahreszeiten steht, wird im Anblick der Springbrunnen und des Amphitheaters die Hektik des Alltags für den ein oder anderen

Moment hinter sich gelassen. Von der Zeit nach Ranas Tod in der Mitte der 1960er Jahre und der damit verbundenen Vernachlässigung dieses prächtigen Ortes ist heute nichts mehr zu sehen. Seit der nun schon fast 20 Jahre zurückliegenden Restauration des Gartens erstrahlt er glänzender als jemals zuvor. Genießen Sie diesen Anblick doch einmal mit einem kühlen Getränk oder einem Kaffee im Kaiser Café, welches sich ebenfalls im „Garden of Dreams" befindet.

Die Preise sind für nepalesische Verhältnisse etwas überteuert, wie ich finde, allerdings ist von solch einem Touristenmagneten auch nichts großartig anderes zu erwarten. Außerdem fehlt es der Qualität der angebotenen Getränke und Speisen an nichts, genauso wie der Freundlichkeit des Kellners:

Mir war es fast schon ein bisschen unangenehm, jeden Wunsch von den Lippen abgelesen zu bekommen und selbst keinen Finger krumm machen zu dürfen. Allerdings wirkte sein Engagement keineswegs aufgesetzt, auch sein

Lächeln war eines der Echten. Für diese Insel der Ruhe bezahlen Touristen einen Eintrittspreis von NPR 200, also knapp 1,60 €. Versuchen Sie es und schauen Sie, ob auch Sie die Ruhe an diesem friedlichen Platz einholt.

Mit dem starken Erdbeben, das Nepal am 25.04.2015 erschütterte, wurde nicht nur das Leben vieler Menschen, sondern auch einige historisch wertvolle Denkmäler und Heiligtümer teilweise zerstört – so auch der Durbar Square. Der einst von mehr als 50 Tempeln und Palästen umgebene Platz vor dem damaligen Palast des kathmanduischen Königreichs zählt trotz seiner Defekte heute zum UNESCO-Weltkulturerbe und zieht täglich zahlreiche Touristen und Nepalesen in seinen Bann.

Für umgerechnet 5 € wird Ihnen ein Blick auf viele verschiedene Hinterlassenschaften des Königreiches geboten, deren Anblick den Eintrittspreis meiner Meinung nach in jedem Fall wert sind. Zusätzlich dazu erhalten Sie einen Eintritt in das sich ebenfalls dort befindende

Museum, welches auch „Memorial King Gallery" genannt wird. Nicht nur für die einzigartigen Holzschnitzereien und -verzierungen, sondern auch für jede einzelne verwinkelte Gasse, jedes niedliche Lädchen, lohnt sich ein zweiter oder sogar ein dritter Blick: Auf dem Durbar Square lassen sich problemlos mehrere Stunden verbringen, denn ständig lockt Sie ein neuer Reiz in eine andere Richtung und lädt Sie ein, sich dem königlichen Flair hinzugeben.

Als ich diesen eindrucksvollen Ort besuchte, fand ich mich nach einem ausgiebigen Spaziergang über die weiten Plätze in einer kleinen Schule für Malerei wieder, der „Tara Thangka Art School". Empfohlen wurde mir der Besuch dieser Einrichtung nicht – umso mehr habe ich mich darüber gefreut, intuitiv in die schmale Straße, die zu der Schule führte, hineingelaufen zu sein. Eine Schülerin, schätzungsweise Mitte 20, war gerade vertieft in ihr aktuelles Projekt: Ein aus unzähligen verschiedenen Farbtönen bestehendes Bild, dessen Motiv ich vom Eingang aus noch nicht wirklich erkennen konnte. Als sie mich sah, bat sie mich hinein und fragte mich, ob ich einige der Werke sehen wolle, die von diversen Schülern bereits geschaffen wurden – selbstverständlich nahm ich dieses Angebot begeistert an. Sie führte mich um einen gläsernen Tisch herum, griff in eine kleine Vitrine und holte ein Bild hervor. Es zeigte das Rad des Lebens, ein im Buddhismus tief verankertes Symbol, auf welchem die Lebenskreisläufe aller aus den verschiedenen Lebensbereichen stammenden Wesen dargestellt wird.

Ohnehin ist der traditionell gezeichnete Anblick dieses Konzeptes bereits faszinierend – durch die Eigeninterpretation des Künstlers erhielt ein Jeder jedoch einen völlig neuen Blickwinkel, der diese Faszination noch steigerte.Kathmandu ist eine Stadt mit tausenden Möglichkeiten und sehenswerten Plätzen – und Sie dürfen ein Teil davon sein. Sehen Sie die Auflistung dieser drei Orte auch als Inspiration für weitere Erkundungen. Es gibt so viel zu sehen.

Einblicke in die nepalesische Küche

Bestückt mit Kochmützen und -schürzen umringten wir den großen, ovalen Tisch, auf welchem sich bereits die vorbereiteten Zutaten befanden. Aus der Küche bahnte sich bereits ein Duft von angebratenem Knoblauch den Weg zu unseren auf das pure Nepal eingestimmten Nasen.

Vor einigen Tagen hatten wir das Plakat in einer der Straßen Thamels gesehen: „nepali cooking class".

Sofort war meine Reisebegleitung aufgrund seiner leidenschaftlichen Tätigkeit als Hobbykoch Feuer und Flamme. Wir ließen uns nicht viel Zeit und sicherten und zwei Plätze in dem sehr begehrt scheinenden Kochkurs – bereits am nächsten Tag sollten wir in die Kochkünste der Nepalesen eingeweiht werden.

Nun waren wir gemeinsam mit einem Pärchen aus Norwegen begeisterte Schüler des wirklich sehr liebevoll und lustig unterrichtenden Lehrerinnenteams, welches aus 5 jungen Frauen bestand.

Keine von ihnen hatte jemals eine Ausbildung zur Köchin gemacht – was für nepalesische Verhältnisse wohl auch untypisch gewesen wäre – und trotzdem war das, was wir mit ihrer Hilfe zauberten, kaum zu übertreffen! Sie gaben einiges von dem, was ihre Mütter ihnen einst beibrachten, an uns weiter und so waren wir nach einigen Stunden dazu in der Lage, ein drei-gängiges Menü aufzutischen. Wir starteten mit einer tibetischen Nudelsuppe namens Thupka, gefolgt von einem der wohl bekanntesten Gerichte Nepals: Daal Bhaat.

Dieses Nationalgericht ist eine Kombination aus einer Linsensauce an gekochtem Reis und einem Gemüsecurry. Oft wird dazu ebenfalls etwas herrlich gewürzter Spinat sowie ein süß-saures „Pickle" gereicht, welches das Ganze perfekt abrundet. Als Nachspeise versuchten wir uns an der Zubereitung einer süßen Variante von Momos, welche man sich als nudelähnliche Teigtaschen vorstellen kann, die eigentlich mit Gemüse, Kartoffeln oder Fleisch gefüllt werden.

In unserem Fall bestand die Füllung allerdings aus geschmolzener Schokolade und Bananen – ein sehr leckerer Nachtisch, an dessen Zubereitung wir teilweise allerdings verzweifelten. Während des Faltens der Taschen, was beim Zuschauen noch so leicht aussah, bewiesen wir mit Bravour unsere Grobmotorik: Was bei unseren verzweifelten Versuchen heraus-kam, erinnerte nämlich eher an Teigbrocken als an die eigentlich so hübschen Momos. Nun gut, der Wille zählt – und toll geschmeckt hat es trotzdem. Selbst wenn Sie also nicht gerade der größte Hobbykoch sind oder ein Kochkurs Sie aus einem anderen Grund nicht ansprechen sollte, empfehle Ich Ihnen dennoch, diese drei Gerichte zu probieren. Gerne auch mehrmals an verschiedenen Orten, denn zumindest das Daal Bhaat schmeckt – wie wir nach einer ausgiebigen Testphase feststellen konnten – jedes Mal anders.

Da ich mich ehrlicherweise fast ausschließlich von Daal Bhaat ernährt habe (es war einfach SO gut), kann ich über viele andere Gerichte nicht aus eigener Erfahrung berichten. Das „Puri-Julebi", ein süßliches, in Fett gebackenes Fladenbrot, welches an einem Gemüse-Curry serviert wird, soll aber ebenfalls sehr lohnenswert sein. Genauso wie Gerichte, die mit „Achar", also mit gut gewürztem Obst oder

Gemüse gekennzeichnet sind. Dies verleihe einer Speise wohl eine ganz besondere Note. Eigentlich wäre wahrscheinlich fast alles aus der nepalesischen Küche es wert, hier nun aufgelistet zu werden, doch auch hier: Probieren Sie es aus und schicken Sie Ihren Gaumen auf eine kulinarische Reise!

Wenn Sie mich nach den besten Restaurants fragen würden, gäbe ich Ihnen stets die Antwort: Je kleiner und unscheinbarer, desto besser. Diese Erfahrung durfte ich zumindest machen. Uns hat es wirklich jedes Mal dort am besten geschmeckt, wo nicht einmal ein Name, eine Speisekarte oder eine Eingangstür zu finden war. Darum ist es mir leider in diesem Punkt nicht möglich, Ihnen genaue Adressen zu nennen. Halten Sie die Augen nach kleinen, einheimischen Lokalen offen und lassen Sie sich von dieser Küche verzaubern. Falls es Sie aber doch einmal in ein moderneres, aufwendiger gestaltetes Ambiente verschlagen sollte, kann ich Ihnen wärmstens das „Or2K" empfehlen. Das in

Thamel liegende Restaurant, welches ausschließlich ohne Schuhe betreten werden darf, bietet neben traditionellen Speisen leckere Bowls, aber auch tolle Frühstücksvariationen an, durch die ein perfekter Start in den Tag garantiert wird.

Ist Ihnen dann danach, diesen erlebnisreichen Tag mit einem kühlen Bier oder guter Musik ausklingen zu lassen, lässt Kathmandu Sie auch hier nicht im Stich: Eine Vielzahl an Bars lockt mit niedlichem Ambiente und Livemusik die unterschiedlichsten Gäste zu sich und verspricht einen ausgelassenen Abend.

Als wir abends um die Häuser zogen, verliebten wir uns ganz besonders in eine kleine Bar, welche den Namen „Hole in the wall" trug – und sie machte ihrem Titel alle Ehre: Kaum war man durch den kleinen, fast unscheinbaren Eingang hindurchspaziert, fand man sich in einem winzigen Raum mit einer noch winzigeren Bar wieder. Bunte Lichter hingen von der Decke, die Wände waren mit unzähligen Postern und

Stickern verziert und ein Lied von Pink Floyd erklang aus den Lautsprecherboxen neben der Bar.

Zunächst wunderten wir uns über die doch sehr gering bemessene Anzahl an Sitzplätzen, doch da hatten wir die Leiter nach oben noch nicht entdeckt. Die Bar verteilte sich nämlich auf drei Etagen, jede war erreichbar über kleine Treppen an der Wand und besaß ihren ganz eigenen Charakter. Vom ersten Moment an erklärten wir diesen Ort zu unserer „Stammkneipe" für unsere restliche Zeit in Nepal.

Wandern im Himalaya

Über diesen Teil der Reise könnte ich vermutlich ein ganzes Buch schreiben. Eindrücke zu sammeln, die wohl für ein gesamtes Leben reichen würden – und das alles in 7 Tagen. Vielleicht haben Sie ja bereits geplant, eine Wanderung in den Bergriesen Nepals in Ihre Reise zu integrieren – dann ist das hier eine Art Vorschau von dem, was möglicherweise auch auf Sie zukommen könnte. Falls Sie einer

Wanderung gegenüber eher abgeneigt sind, besteht der Hauch einer Chance, dass Sie im Folgenden umgestimmt werden.

Acht lange Stunden saßen wir in dem glücklicherweise klimatisierten Bus, der uns von Kathmandu nach Pokhara brachte, was wohl die Oase der Vorfreude und Erholung schlechthin für jeden Wanderer darstellt. Die Tickets buchten wir ganz einfach im Voraus in unserer Unterkunft (dies sollte auch in nahezu allen anderen Unterkünften machbar sein). Als wir völlig erschöpft und mit schmerzendem Hinterteil unser Ziel, das Pokhara Bagpacker's Hostel, welches nur zu empfehlen ist, erreichten, war es auf ein Neues an der Zeit, sich um die nächste Busfahrt zu kümmern – die bereits am nächsten Morgen stattfinden sollte.

Auch dieses Ticket erhielten wir problemlos in unserem Hostel. Es war noch dunkel, als uns das kleine, weiße Taxi am nächsten Morgen zum Busbahnhof brachte und eine 4-stündige Busfahrt später umgaben uns schon die ersten wirklich großen Berge. Die nächsten sieben Tage des sogenannten „Annapurna Circuits" waren wohl mit das Unglaublichste, was ich in meinem Leben bisher erleben durfte. Das Aufstehen vor einer Aussicht, die jede Fototapete übertrifft, das Wandern durch mit zunehmender Höhe immer einsamer werdende Bergdörfer und die erschöpfte Ankunft am nächsten Etappenziel, an welchem wir uns gleich mit einem frischen Daal Bhaat und einem Bier belohnten. Mit bloßem Auge war zu beobachten, wie sich Flora und Fauna veränderten, je höher man stieg. Fotos wurden geschossen, die nicht einmal im Ansatz das festhalten konnten, was wir tatsächlich sahen.

Am zweiten Tag der Wanderung traf ich in einem Bergdorf namens „Bahundada" im Gemeinschaftsbereich des Hostels einen jungen Mann, ungefähr in meinem Alter. Nach einem kurzen, sich selbst entwickelnden Gespräch, in dem ich herausfand, dass er arbeitstechnisch in diesem Dorf zu tun habe und eigentlich ein paar

Dörfer „weiter unten" wohne, fragte ich ihn, ob er mich nicht ein wenig mit „Bahundada" bekannt machen wolle. Da er auch dort schon einige Male Zeit verbracht hatte, willigte er sofort ein und wir machten uns auf den Weg. Nach kurzer Zeit trafen wir zufällig auf seinen in jenem Ort lebenden Onkel, der seine Tochter an der Hand hielt. Die Kleine war keineswegs schüchtern und fragte mich nach meinem Namen, nahm meine Hand und lief los. In der nächsten Stunde lernte ich so ziemlich jedes Kind des Dorfes kennen und alle gemeinsam wollten mir ihre Schule präsentieren. Wir knipsten Fotos und unterhielten uns mit Händen und Füßen – ein wunderbarer Einstieg in die mir bevorstehende Woche!

Sie merken – Ich könnte Stunden darüber berichten. Aber weil ein Jeder bekanntlich derartige Erfahrungen noch immer selbst machen muss, um es wirklich nachvollziehen zu können, werde ich Ihnen nun lieber noch ein paar nützliche Tipps mit an die Hand geben. Zuallererst:

Überschätzen Sie sich nicht. Selbstverständlich ist es toll, seine eigenen körperlichen Grenzen zu erfahren und sich immer weiter und weiter herauszufordern, jedoch sollte bei dieser Art von Szenarien das Leben im Hinterkopf behalten werden, welches bei zu leichtsinnigen Aktionen auf dem Spiel steht: Ihres.

Dazu gehört beispielsweise meiner Meinung nach auch das Abweichen von der eigentlichen Route. Einige Abschnitte zuvor legte ich Ihnen das „auf eigene Faust erkunden" ans Herz – hier nicht. Bestenfalls organisieren Sie sich vor der Wanderung einen Reiseführer in Buchform, der sich auf Ihre Route spezialisiert hat. Damit kamen wir sehr gut zurecht, denn so wussten wir auch an ungenau gekennzeichneten Abzweigungen, woran wir uns zu orientieren hatten.

Andernfalls ist es auch möglich, sich einen Reiseführer in Form eines menschlichen „Guides" zu arrangieren. In diesem Fall sollte routentechnisch nichts mehr schief gehen. Denken Sie auch daran, genügend Wasser bei diesem teilweise schweißtreibenden Fußmarsch im Gepäck zu haben. Wir lösten das Ganze durch Trinkbeutel, welche ein Fassungsvermögen von drei Litern besaßen. Falls uns das Wasser unterwegs einmal ausging, baten wir am nächsten Hostel oder Restaurant freundlich darum, den Beutel aufzufüllen – das war niemals ein Problem. Wir waren so also bestens ausgerüstet.

Je nach Höhe Ihres Aufstiegs sollten Sie auch die niedrigen Temperaturen nicht unterschätzen. Da wir die Schneefallgrenze, welche circa bei 4200 m liegt, nicht überschritten, kamen wir auch nicht wirklich mit unaushaltbarer Kälte in Berührung.

Decken Sie sich vor der Wanderung also mit entsprechender Ausrüstung ein, lassen Sie sich beraten und fragen Sie ruhig in den Berghosteln nach zusätzlichen Decken für die Nacht – man hilft Ihnen gerne aus. Ein weiterer Tipp, der gerade nicht wirklich in diese Reihe zu passen scheint, mir aber dennoch sehr am Herzen liegt, ist: Nehmen Sie sich Zeit für sich selbst. Ganz egal, wie das für Sie persönlich aussehen mag. Ob Sie ein gutes Buch lesen, Musik hören, das Erlebte niederschreiben oder das tun, wonach auch immer Ihnen sein mag. Für die meisten von uns kommt diese eigentlich so wichtige Zeit mit sich selbst viel zu kurz und darum ist es umso wichtiger, diese zu nutzen, wenn sie einem derartig auf einem Silbertablett präsentiert wird - Ihr Körper und Ihr Geist werden es Ihnen danken.

Ein Trip nach Lumbini

Die ersten Schritte Buddhas verfolgen, die inspirierende Stimmung unter dem Bodhi Baum auf sich wirken lassen – Willkommen in Lumbini. Außer unerträglicher Hitze und einer nicht gerade bewundernswerten Innenstadt beherbergen die Gärten der Stadt den wohl bedeutungsvollsten Ort für Buddhisten, das Größte überhaupt. Auch dieses Ausflugsziel liegt außerhalb von

Kathmandu, ist aber jede der 6-8 Stunden Busfahrt wert, wenn Sie mich fragen.

Kurz vor der nördlichen Grenze zu Indien liegt jener Ort, an welchem Überlieferungen zufolge Siddharta Gautama, der Gründer und Lehrer des Buddhismus, im Jahre 563 vor Christus geboren wurde.

Bereits Monate vor der Geburt erschien er seiner Mutter Maya, welche kurz nach seiner Geburt in jener Vollmondnacht verstorben sein soll, in der Gestalt eines weißen Elefanten. Während Siddharta das Licht der Welt erblickte, habe ein anwesender Seher dem Kind eine großartige Zukunft als Heiliger, der das Leid der Welt erkennen würde, vorausgesagt. Da der zukünftige Buddha nach dem Tod seiner Mutter allerdings zunächst bei seinem Vater Shuddhodana in Kapilavastu aufwuchs, lebte erst einmal das Leben eines indischen Prinzen. Religion und jegliches menschliches Leid sei bewusst von ihm ferngehalten worden – schließlich sollte er auf Wunsch seines Vaters eines Tages zum König ernannt werden. Doch Siddharta fand seinen Weg und verließ nach 29 Jahren die scheuklappenartigen Mauern des väterlichen Palastes. Während seiner Wanderungen in alle erdenklichen Himmelsrichtungen traf er nicht nur auf verschiedene Facetten menschlichen Leides, sondern auch auf einen Asketen.

Diesem eiferte er nun nach ersten kleineren Erkenntnissen nach und befand sich in den nächsten Jahren seines Lebens auf der unermüdlichen Suche nach innerer Ruhe und Antworten auf seine Fragen – die sechs Jahre später ein Ende haben sollte. Siddharta Gautama saß in einer Vollmondnacht unter einer Pappelfeige, welche heute als „Bodhi-Baum" („Baum des Erwachens") bezeichnet wird, und erhielt seine lang ersehnte Erleuchtung.

Von diesem Zeitpunkt an trug er den Namen „Buddha", welcher sich als „Der Erwachte" übersetzen lässt. Er zog als Lehrer durch das Land und erntete die Früchte seiner Gedanken in Form von begeisterten Gefährten – bis er schließlich im Alter von 80 Jahren in Kushinagar verstarb. Nun bietet sich Ihnen die Gelegenheit, einen Einblick in die Geburtsstätte Buddhas zu erhaschen und sich von den wunderschönen Tempelanlagen und Gärten verzaubern zu lassen. Besonders der Maya Devi Tempel, der als Herzstück des Parks gilt und den Geburtsort Buddhas repräsentiert, ist absolut sehenswert. Fern vom hektischen Treiben der Stadt entsteht hier der Raum, in dem leise Gesänge oder Gebete ihr Zuhause finden.

Für einige Teile, wie zum Beispiel den „Heiligen Garten" oder das Lumbini-Museum, bezahlen Sie einen geringen Eintrittspreis, der sich in Ihrem Portemonnaie kaum bemerkbar machen wird, denn das hier Sichtbare ist wirklich unglaublich schön. Es kann hilfreich sein, sich einige Strecken durch die Fahrt mit einem Tuk Tuk zu erleichtern, denn die Parkanlage wurde durchaus sehr weitläufig gestaltet. Hinzu kommen teilweise drückend heiße Temperaturen, durch die jeder Weg zu einem schweißtreibenden Akt wird. Wir sträubten uns zunächst gegen diese Art von Erleichterung, schließlich hatten wir eine 7-tägige Wanderung von 100 Kilometern hinter uns und wollten nun nicht so schnell aufgeben – aber es half nichts.

Wir fanden uns – wie viele andere Menschen an diesem Tag auch – in einem Tuk Tuk wieder und konnten so den Aufenthalt entspannter fortsetzen. Sollten Sie sich auf das Abenteuer „Lumbini" einlassen wollen, möchte ich Ihnen gerne noch einen Tipp bezüglich der Übernachtung an die Hand geben. Zum einen ist die Anzahl an Unterkünften natürlich um einiges geringer als in Kathmandu, zum anderen erscheint das Finden eines guten und günstigen Hotels etwas erschwert zu werden.

Gute Hotels gibt es viele – diese haben dann aber auch einen Preis, der dem angestrebten Sparmodus widerspricht. Auch günstige Hotels sind zu finden – welche sich dann aber laut Erzählungen anderer Touristen als „ziemliche Absteigen" entpuppen.

Mit dem „Siddharta Guest House" hatten wir mehr Glück: Für umgerechnet 10 € pro Nacht bekamen wir nicht nur ein Zimmer, welches für eine Nacht absolut in Ordnung war, sondern auch leckere Mahlzeiten auf der Dachterrasse. Das Personal war wirklich klasse: nette Gespräche und große Hilfsbereitschaft.

Lassen Sie sich durch die teilweise schlechten Bewertungen im Internet nicht abschrecken – mit einer Übernachtung in diesem Hotel machen Sie nichts falsch.

Barfüßig lief ich über die grüne Wiese, die den Maya-Devi-Tempel in einem prächtigen Weiß erstrahlen ließ. Gebete, die durch das Murmeln der Menschen den gesamten Raum füllten, erreichten melodieartig meine Ohren und ließen mich meine Augen für einen kurzen Moment schließen. Als sich meine Lider öffneten, blickte ich auf eine Pappelfeige. Selbst wenn mir die Legende der Erleuchtung Buddhas unter einem derartigen Baum fremd gewesen wäre, so wäre die Einzigartigkeit dieses Baumes unübersehbar gewesen. Verwobene Wurzeln ragten in den Boden und erweckten den Anschein, als würden sie Teile der Erde umarmen wollen. Die Maserung des Stammes verlieh dem Bodhi-Baum einen fast schon plastisch-surrealen Charakter. Ich trat einige Schritte näher und beobachtete die Gebetsfahnen, die im Wind wehten. Hunderte Mantras wurden vor meinen Augen mit ihm fortgetragen, um Liebe, Frieden und Mitgefühl in der Welt zu verbreiten.

Als ich meinen Blick senkte, stieß er sanft mit jenem eines Mönches zusammen, der in sich ruhend unter dem Baum saß. Er lächelte und lud mich mit einer Handbewegung zu sich ein. Zu dem Kribbeln in meiner Bauchgegend reichte er mir ein Räucherstäbchen: Drei Male solle ich den Baum nun umrunden, um danach das Stäbchen am Fuße dieses grünen Riesen zu platzieren – so tat ich es. Der Duft des Räucherstäbchens ließ mein Herz noch höherschlagen und ich begriff ein weiteres Mal aufs Neue, wie dankbar ich für jede Zeit, jede Minute war, durch die mir Dinge wie diese ermöglicht wurden. Nun sollte ich vor dem Mönch Platz nehmen. Als meine Knie sich mit der Erde verbunden hatten, begann der Mönch, mich zu segnen. Unter fortwährendem Flüstern heiliger Gebete bedeckte er meinen Kopf mit einer heiligen Schrift und tupfte mir behutsam ein „himmlisches Auge" in gelber Farbe auf die Stirn.

Dann ein Moment der Stille. Auf ein wiederholtes Lächeln schenkte ich ihm Selbiges und bedankte mich mit einem „Namaste". Ehrlich gesagt wäre ich ihm am liebsten um den Hals gefallen – was wahrscheinlich alles andere als angebracht gewesen wäre. So erhob ich mich und ließ meine Fußsohlen erneut die grüne Wiese küssen.

Ein Interview

Ein Land lernt man erst wirklich mit den dort lebenden Menschen kennen. Ich hatte das Glück, während meiner Reise auf einige inspirierende Personen treffen zu dürfen, an die ich mich gerne zurückerinnere. Ein paar der Begegnungen waren nur flüchtig und man tauschte sich für einen kurzen Moment aus. Andere wiederum hinterließen durch intensive und lustige Gespräche einen bleibenden Eindruck, sodass noch heute ein zwar nicht häufiger, jedoch beständiger Kontakt besteht.

Einen dieser Menschen traf ich in unserer bereits hoch angepriesenen Lieblingsbar, dem „Hole in the wall". Es war der erste Abend, den wir dort verbrachten, und wir gingen ohne jegliche Erwartungen durch die schmale Eingangstür, welche uns in die unterste Etage führte – wir saßen kurze Zeit später inmitten einer bunt durchmischten Runde, die den Abend perfekt machte. Ein junger Nepalese hatte seine Gitarre dabei und ließ das Lied „All of Me" von John Legend in Dauerschleife erklingen, sodass spätestens beim dritten Mal dann auch wirklich alle mitsingen konnten. Danach unterhielt ich mich mit ihm und seinen zwei Freunden und widme nun einem von jenen dieses Kapitel.

Als ich den jungen Mann, der den Spitznamen „Heymon" trägt und ungefähr so alt ist wie mein kleiner Bruder, fragte, ob er Lust hätte, mit mir gemeinsam einen kleinen Steckbrief über ihn für diesen Reiseführer zu erstellen, willigte er direkt ein – wofür ich ihm sehr dankbar bin.

Nun lernen Sie also eine tolle, junge Person kennen, die mit Sicherheit noch viele Geschichten mehr zu erzählen hätte – hier jedoch ein kleiner Teil unseres Gespräches, welches ich aus dem Englischen ins Deutsche übersetzt habe:

„Mein Name ist Hemanta Tamang, aber man nennt mich Heymon. Ich wurde am 28.07.1999 in Godawari ganz in der Nähe von Kathmandu geboren. Dort lebe ich auch heute noch zusammen mit meinen Eltern und meinen zwei Geschwistern."

1) Wo arbeitest du?

„Ich habe eine Ausbildung zum Koch gemacht und arbeite teilweise in Dubai, ein Ort, an dem viele Menschen aus Nepal arbeiten möchten. Ich bin immer für einige Zeit dort und komme dann während meines Urlaubs zurück in meine Heimat."

2) Welcher ist dein absoluter Lieblingsort in Nepal?

„Mein Lieblingsort ist Godawari, mein Zuhause."
(Godawari ist ein Stadtbezirk im Kathmandutal und wird auch Lalitpur genannt. Er zählt circa 29.000 Einwohner.)

3) Welches Gericht schmeckt dir am besten?

„Am liebsten mag ich unsere typisch nepalesischen Gerichte, wie zum Beispiel Daal Bhaat. Wenn es durch die Hände meiner Mutter zubereitet wurde, ist es am besten!"

4) Welches Lied hörst du am liebsten?

„Das Lied heißt „Resham Firiri" und ist ein sehr bekanntes nepalesisches Lied. Es ist das reinste Liebeslied. Gesungen wird über die unzertrennliche Verbindung zweier Liebender, die lieber zusammen sterben würden, als ohne den jeweils anderen zu leben. Die deutsche Übersetzung für „Resham" lautet „Seide" und „Firiri" – lässt sich nicht so einfach erklären.

Es beschreibt sozusagen den Luftstrom, welcher ein leichtes Tuch zum Flattern bringt, also hier die Seide." (Das Lied lässt sich problemlos im Internet finden – Stimmen Sie sich doch schon einmal musikalisch auf Ihre Reise ein!)

5) <u>Was magst du an dir selbst gern?</u>
„Ich mag, dass ich das Lesen und die ständige Weiterentwicklung liebe. In meinem Leben wurde ich bereits mit einigen schmerzhaften Situationen konfrontiert, aber ich habe mittlerweile so viel über Vergebung und Dankbarkeit gelesen, sodass ich mich immer von Licht in solch dunklen Stunden begleitet fühle."

6) <u>Wenn du einen Wunsch frei hättest – wie würde er lauten?</u>
„Ich würde mir wünschen, dass ich eines Tages ein Meisterkoch bin!"

7) Wer ist der tollste Mensch für dich?

„Meine Eltern liebe ich über alles. Ohne die Unterstützeng von Eltern kann das Leben manchmal ein ziemliches Desaster sein. Meine Mutter und mein Vater sind die besten Menschen auf der ganzen Welt für mich, sie haben so viele Opfer für mich gebracht. Bei jedem Schritt meines Lebens helfen sie mir so liebevoll und ich danke Gott, dass mir ein solches Geschenk gegeben wurde."

8) Wenn man dir ein Megaphon reichen würde und du zu der ganzen Welt sprechen könntest, was würdest du sagen?

„Ich würde dieser selbstsüchtigen Welt sagen, dass sie ein wenig positiver denken sollte, sich darum bemühen sollte, Gutes zu tun und auf das Karma zu vertrauen."

Ein Rucksack voller Vorfreude

Nun sind wir also am Ende dieses Rückblickes und damit auch an dem des Reiseführers angelangt.

Vielleicht konnte ich den reisehungrigen Teil Ihrer selbst mit einigen Informationen füttern oder aber Sie durch einige meiner Geschichten zum Schmunzeln bringen – vielleicht ja sogar beides! Zwischen Ihnen und Ihrer Zeit gefüllt mit intensiven Erfahrungen auf kultureller, zwischenmenschlicher und persönlicher Ebene liegt vermutlich nur noch der Flug – und eine Phase der Vorfreude, die Sie genießen sollten. Planen Sie, aber nicht zu viel. Denken Sie nach, aber zerdenken Sie nicht. Das Durcheinander, welches Sie sehnsüchtig am Flughafen Kathmandus erwarten wird, das glückliche Herzklopfen, das Ihnen die Hand reichen und mit Ihnen durch die Straßen laufen wird, während Sie die Leichtigkeit mit jedem neuen Augenblick behutsamer im Arm hält – all das macht Ihr „Abenteuer Nepal" aus, denn Sie wissen doch: Alles kommt, wie es kommt und genauso soll es sein.

Namaste.

Packliste

Geld & Finanzen

O (evtl.) Auslandswährung

O Bargeld

O Bauchtasche

O Brustbeutel

O Bauchtasche

O EC-Karte

O Kreditkarte

O Notfall-Telefonnummern der Banken

O Portmonee

Hygiene

O Haarbürste / Kamm

O Deo (klein)

O Shampoo

O Kulturtasche

O Sonnencreme

O Taschentücher

O Reise-Zahnbürste und Zahnpasta
O Verhütungsmittel

Kleidung

O Badeklamotten
O Gürtel
O Hosen kurz / lang
O Mütze / Cap / Hut
O Pullover
O Regenjacke
O Schlafanzug
O Socken
O Sonnenbrille
O Sportklamotten / Jogginghose
O T-Shirts
O Unterwäsche

Medikamente

O Blasenpflaster
O Anti-Durchfalltabletten
O Erste-Hilfe-Set

O Fiebertabletten

O Fiebertabletten

O Mückenschutz

O sonstige Medikamente

O Pflaster

O Kopfschmerztabletten

Unterlagen & Papiere

O ADAC Unterlagen

O Adresslisten für Postkarten

O Krankversicherungsnachweis

O Stadtplan

O Führerschein

O Unterlagen für die Unterkunft

O Wasserdichte Hülle für Reiseunterlagen

O Impfausweis

O Mietwagenunterlagen

O Personalausweis

O Reisepass

O Reisetagebuch

O evtl. Studentenausweis

O evtl. Visum
O Zug- / Bahn- / Flugticket

Taschen & Rucksäcke

O Koffer / Trolley / Reisetasche
O Regenhülle für Rucksack
O Rucksack

Schuhe

O Badeschlappen / Hausschuhe
O Schuhe und Wechselschuhe

Sonstiges

O Brille / Kontaktlinsen und Etui
O Buch zum Lesen
O Ohrenstöpsel und Schlafmaske
O Regenschirm
O Reisedecke
O Wasserflasche
O Wörterbuch

Elektronik

O Digitalkamera
O Handy
O Ladekabel
O Kopfhörer
O evtl. Steckdosenadapter
O Power-Bank

Herstellung und Verlag:

BoD – Books on Demand, Norderstedt

ISBN: 9783750498051

1. Auflage

Kontakt: Psiana eCom UG/ Berumer Str. 44/ 26844 Jemgum

Covergestaltung: Fenna Larsson

Coverfoto: depositphotos.com